W9-BMJ-360

Servidores Comunitarios

Bomberos y bomberas

Texto: Dee Ready
Traducción: Dr. Martín Luis Guzmán Ferrer
Revisión de la traducción: María Rebeca Cartes

Consultora de la traducción:
Dra. Isabel Schon, Directora
Centro para el Estudio de Libros
Infantiles y Juveniles en Español
California State University-San Marcos

Bridgestone Books

an imprint of Capstone Press
Mankato, Minnesota

Bridgestone Books are published by Capstone Press
818 North Willow Street, Mankato, Minnesota 56001 • http://www.capstone-press.com

Library of Congress Cataloging-in-Publication Data
Ready, Dee.
    [Fire fighters. Spanish]
    Bomberos / de Dee Ready; traducción de Martín Luis Guzmán Ferrer; revición de la
traducción de María Rebeca Cartes.
    p. cm.—(Servidores comunitarios)
    Includes bibliographical references and index.
    Summary: Explains the clothing, tools, schooling, and work of fire fighters.
    ISBN 1-56065-797-9
    1. Fire extinction—Juvenile literature. 2. Fire fighters—Juvenile literature. [1. Fire
extinction. 2. Fire fighters. 3. Occupations. 4. Spanish language materials.] I. Title. II. Series.
TH9148.R4318   1999
628.9'25—dc21

                                     98-18754
                                         CIP
                                       AC

Editorial Credits
Martha E. Hillman, translation project manager; Timothy Halldin, cover designer
Consultant
George Burke, International Association of Fire Fighters
Photo Credits
FPG, 4; Mark Reinstein, 6; Spencer Grant, 14
International Stock/Michael Ventura, cover; Mark Bolster, 18
Unicorn Stock Photos/Martha McBride, 10; Andre Jenny, 12; Aneal Vohra, 16; Russell Grundke, 20
William B. Folsom, 8

Contenido

Bomberos y bomberas 5

El trabajo de las bomberas 7

Qué se ponen los bomberos 9

Qué herramientas usan las bomberas 11

Qué conducen los bomberos 13

Las bomberas y la escuela 15

Dónde trabajan los bomberos 17

Quiénes ayudan a las bomberas 19

Los bomberos ayudan a la gente 21

Manos a la obra: Ponte en forma 22

Conoce las palabras 23

Más lecturas 24

Páginas de Internet 24

Índice 24

Para evitar una repetición constante, alternamos el uso
del feminino y el masculino.

Bomberos y bomberas

Los bomberos y las bomberas son personas preparadas para apagar incendios. También son los primeros en ayudar a la gente en caso de un desastre. Un desastre destruye las cosas y puede matar o herir a la gente. Ser bombero es un trabajo muy peligroso.

El trabajo de las bomberas

Las bomberas rescatan a las personas y los animales en caso de peligro. Son las primeras en ayudar a los enfermos o heridos. Los llevan a los hospitales. Las bomberas apagan los incendios en casas, edificios de oficinas y bosques.

Qué se ponen los bomberos

Los bomberos usan ropa que sirve para protegerlos del calor y el humo. Usan pantalones y chaquetas especiales, botas pesadas y guantes. Los cascos protegen sus cabezas. Los tanques de oxígeno en sus espaldas los ayudan a respirar.

Qué herramientas usan las bomberas

Las herramientas ayudan a las bomberas a salvar a la gente de los incendios. Si se necesitan, las bomberas usan hachas para romper los muros. También usan barras de hierro para abrir puertas. Ellas usan largas mangueras para lanzar agua sobre el fuego.

Qué conducen los bomberos

Los bomberos conducen camiones de bomberos y ambulancias. Algunos camiones de bomberos pueden bombear agua. Otros camiones tienen escaleras para alcanzar a la gente atrapada en lugares altos. Las ambulancias llevan a los heridos al hospital.

Las bomberas y la escuela

Las bomberas tienen que tener por lo menos 18 años de edad. Ellas van a la escuela de bomberos. Si pasan unos exámenes especiales, entonces pueden ser bomberas. En la estación de bomberos continúan aprendiendo.

Dónde trabajan los bomberos

Los bomberos trabajan en una estación de bomberos. Viven ahí por turnos. La estación de bomberos es como una casa. Tiene camas y una cocina. Los camiones de bomberos y las ambulancias también están en la estación.

Quiénes ayudan a las bomberas

Las bomberas necesitan la ayuda de otras personas para hacer su trabajo. Los policías algunas veces ayudan alejando a la gente del incendio. Los doctores atienden a las bomberas heridas durante el cumplimiento de su trabajo.

Los bomberos ayudan a la gente

Los bomberos ayudan a todos en la comunidad. Ellos salvan a las personas y los animales del fuego y otros desastres. En las escuelas, ellos enseñan normas de seguridad contra incendios.

Manos a la obra: Ponte en forma

Los bomberos tienen que hacer mucho ejercicio para combatir los incendios. Hacen ejercicio para estar sanos y fuertes. Tú también puedes usar una toalla de baño para estar en plena forma.

Molinos de viento
1. Coge la punta de una toalla en cada mano. Pon la toalla detrás de tu cabeza. Mantén los brazos extendidos.
2. Tuerce la cintura hasta tocar con tu mano derecha tu pie izquierdo.
3. Enderézate y toca con tu mano izquierda tu pie derecho.
4. Repite el ejercicio por lo menos 10 veces.

Abdominales
1. Acuéstate en el suelo sobre tu estómago.
2. Dobla las rodillas y engancha la toalla en tus pies.
3. Jala con tus brazos. Esto hará que tus muslos se separen del suelo.
4. Jala con tus pies. Esto hará que tu pecho se separe del suelo.
5. Mécete todo el tiempo que aguantes.

Tú también puedes correr, hacer asentadillas, lagartijas y mariposas.

Conoce las palabras

ambulancia—vehículo que lleva a los heridos y enfermos al hospital

barra de hierro—herramienta con terminación chata

comunidad—grupo de gente que vive en el mismo lugar

desastre—evento que destruye cosas y puede matar o herir a la gente

rescatar—salvar a alguien

Más lecturas

Brady, Peter. *Fire Trucks*. Mankato, Minn.: Bridgestone Books, 1996.

Simon, Norma and Pam Paparone. *Fire Fighters*. New York: Simon & Schuster Books for Young Readers, 1995.

Páginas de Internet

FireSafe
http://www.firesafe.com
USFA Kids Home Page
http://www.usfa.fema.gov/kids/index.htm

Índice

agua, 11, 13
ambulancias, 13, 17
barras de hierro, 11
bosques, 7
camiones de bomberos, 13, 17
casas, 7
desastre, 5, 21
doctores, 19
edificios de oficinas, 7

escaleras, 13
estación de bomberos, 15, 17
hachas, 11
hospital, 7, 13
incendio, 5, 7, 11, 19, 21
mangueras, 11
policías, 19
tanques de oxígeno, 9